Pertence a:

_____

_____

_____

_____

___/___/___

Dentre as árvores mais altas, todas nasceram de uma simples semente.

___/___/___

Quer mudar o mundo? Comece pela sua própria vida, por sua casa.

___/___/___

___/___/___

O perdão é uma chave que liberta.

___/___/___

Sábio é aquele que não se cansa
de ouvir e aprender.

___/___/___

___/___/___

Semeie hoje, para colher amanhã.

___/___/___

___/___/___

Você não precisa ser perfeito em tudo.

___/___/___

___/___/___

Não use desculpas para fazer o mal.

___/___/___

___/___/___

Aprenda um pouco de tudo que lhe vier à mão
e perceberá como foi útil ter aprendido.

___/___/___

___/___/___

A mente desocupada se preocupa.
A mente ativa cria.

___/___/___

___/___/___

Coisas ruins também acontecem à pessoas boas.

___/___/___

___/___/___

Feliz é aquele que não quer parecer
feliz para os outros.

___/___/___

___/___/___

Não detenha o conhecimento,
seja um canal por onde ele flua.

___/___/___

___/___/___

O coração aprendiz deseja que lhe mostrem seu erro. Assim, ele pode tornar-se ainda melhor.

___/___/___

___/___/___

Quem desanima com o fracasso perde a chance de enxergar uma nova oportunidade para recomeçar.

___/___/___

___/___/___

Se você não se ocupar com algo hoje,
a preocupação o alcançará!

___/___/___

___/___/___

Tenha coragem. Não se baseie no que as pessoas pensam de você.

___/___/___

Uma boa ação é aquela que não prevê
vantagem alguma para quem oferece.

___/___/___

Preocupar-se é ocupar-se do problema
antes da hora.

___/___/___

Não faça todo dia as mesmas coisas do mesmo jeito. Inove um pouco!

___/___/___

Faça do seu corpo um lugar melhor
para se morar.

___/___/___

___/___/___

Ao invés de desejar ser alguém de sucesso,
almeje ser alguém de valor.

___/___/___

___/___/___

A maior de todas as jornadas começou
com um primeiro passo.

___/___/___

___/___/___

Cultivar a franqueza é uma atitude de
quem trabalha pela paz.

___/___/___

___/___/___

Mude o ângulo e perceba as
coisas boas de sua vida.

___/___/___

___/___/___

O amanhã é nossa oportunidade
de fazermos melhor do que hoje.

___/___/___

___/___/___

Quem tem um amigo, encontrou um tesouro.
Amigo é a parte da família que você escolhe.

___/___/___

___/___/___

Só porque tudo é permitido, não quer dizer que deve se prejudicar em nome dessa liberdade.

___/___/___

___/___/___

O valor mais precioso depositado em
sua conta é o dia de hoje.

___/___/___

Nada será bonito se não
encontrar beleza dentro de você.

___/___/___

___/___/___

Elogiar é diferente de bajular.
Não aceite bajulação.

___/___/___

___/___/___

Amor é mais que emoção. Amor é comportamento.

___/___/___

___/___/___

A importância não está nas coisas em si,
mas em você. Reveja suas prioridades.

___/___/___

Duas pessoas olham para a mesma coisa
e enxergam diferente.

___/___/___

Não se deixe levar pelo que está sentindo agora. Sentimentos mudam.

___/___/___

___/___/___

Persevere e empenhe seu tempo em
construir um caráter digno.

___/___/___

___/___/___

Se nenhum dos dois lados cede, estender a discussão é inútil.

___/___/___

___/___/___

Seja gentil. Um gesto, um olhar, uma resposta.

___/___/___

___/___/___

Viva decentemente como um adulto, mas jamais perca a pureza do coração de uma criança.

___/___/___

___/___/___

Você precisa arriscar e ousar um pouco
para conquistar o que deseja.

___/___/___

O equilíbrio é a chave para a
saúde física e mental.

___/___/___

___/___/___

Há muita coisa ainda para ser descoberta.
Sonhe alto!

___/___/___

___/___/___

Com pulso de ferro é fácil dominar aos outros.
Difícil mesmo é dominar a si mesmo.

___/___/___

___/___/___

A paz só será alcançada através de
pequenos gestos de solidariedade.

___/___/___

___/___/___

Até com a ignorância é possível aprender
se não deixarmos que o orgulho nos impeça.

___/___/___

___/___/___

Mantenha contato com sua infância.

___/___/___

___/___/___

Não prolongue o mal em nenhuma de suas formas.
Retribua com o bem e encerre esse fluxo.

___/___/___

___/___/___

Quem oferece um sorriso, acende uma luz
no coração do próximo.

___/___/___

___/___/___

Se deram a você o dever de acertar,
junto deve vir o direito de errar.

___/___/___

___/___/___

Quem anda no caminho errado, por mais que corra, jamais chegará ao fim correto.

___/___/___

___/___/___

Não espere passar sede, para valorizar a água.

___/___/___

___/___/___

De tempos em tempos, ouse. Faça algo inesperado, tente algo inovador.

___/___/___

___/___/___

A maioria das grandes ideias surgem
de grandes necessidades.

___/___/___

Dê valor aos que estão à sua volta,
demonstre gratidão antes que partam.

___/___/___

___/___/___

Nada é belo para quem não enxerga
com os olhos de amor.

___/___/___

No que depender de sua atitude, quebre a corrente da maldade ao chegar em você.

___/___/___

___/___/___

Para que ninguém te engane, saiba que: Não há no universo inteiro alguém igual a você.

___/___/___

Quem vive sempre triste, morre aos poucos.
Quem cultiva alegria traz saúde para a alma.

___/___/___

Se puder fazer mais, faça. Não seja mediano
se pode ser extraordinário.

___/___/___

___/___/___

Vista-se de esperanças renovadas...

___/___/___

___/___/___

Se você sempre ditar as regras,
poderá ficar só.

___/___/___

___/___/___

A melhor parte de praticar uma boa ação
é tê-la praticado.

___/___/___

___/___/___

Começar uma briga é como rachar uma represa: se você não parar, vai acabar se afogando.

___/___/___

___/___/___

Jamais perpetue uma frustração. Alimentá-la é matar as raízes de alegria em sua vida.

___/___/___

___/___/___

Nunca discorde antes de ouvir
os argumentos do outro.

___/___/___

O que você faz fala mais sobre você,
do que aquilo que diz.

___/___/___

___/___/___

Quer ter um sono tranquilo? Deixe que sua consciência limpa sirva de travesseiro.

___/___/___

___/___/___

Se você quer crescer, aprenda a não olhar somente do seu ponto de vista.

___/___/___

___/___/___

Aquele que se julga com o direito de criticar deve ter também um coração bondoso para ajudar.

___/___/___

___/___/___

O trabalho de plantar e regar é recompensado no momento da colheita. Prepare-se para isso.

___/___/___

___/___/___

Faça a diferença na vida das pessoas,
mesmo que não haja reconhecimento.

___/___/___

___/___/___

Anime-se. Traga à sua memória tudo
que ainda pode acontecer de bom.

___/___/___

___/___/___

A melhor coisa para combater a falta de educação das pessoas é agir educadamente.

___/___/___

Reconheça seu erro! Se você enganou, conserte.
Não consertar quer dizer que continua no erro.

___/___/___

___/___/___

Desenvolva sempre a paciência, porque quando colocada em prática, ela gera paz.

___/___/___

___/___/___

O homem humilde sabe exatamente quem ele é.

___/___/___

___/___/___

Sonhe, pense, planeje, calcule, esforce-se.

___/___/___

Aprendi o silêncio com os falantes, a tolerância com os intolerantes, e a gentileza com os rudes.

___/___/___

___/___/___

Boas intenções não são nada. Para serem alguma coisa, precisam se transformar em boas ações.

___/___/___

Ficar remoendo frustações e lembrando-se delas, impede de partir para outra e ser feliz novamente.

___/___/___

___/___/___

Não fique esperando que as pessoas percebam seus talentos. Demonstre-os! Aí sim, será reconhecido.

___/___/___

___/___/___

Não magoe seus amigos. É mais fácil fazer um novo amigo, do que recuperar uma amizade ferida.

___/___/___

___/___/___

O mundo não é somente seu campo de visão. Só porque você não vê, não quer dizer que não existe.

___/___/___

___/___/___

Para estarmos aptos a enfrentar novos públicos, devemos começar enfrentando cadeiras vazias.

___/___/___

___/___/___

Conquistar o mundo é bom, mas não é o mais difícil.
A maior dificuldade está em conquistar a si mesmo.

___/___/___

___/___/___

O pessimista, quando preso, olha as grades e vê somente o ferro. O otimista vê o céu além delas.

___/___/___

Quando tropeçar, olhe para baixo e veja antes de reclamar se não tropeçou em um tesouro de valor.

___/___/___

___/___/___

Riqueza fácil de ganhar é fácil de perder. Batalhe pelas coisas que almeja, e celebre as recompensas.

___/___/___

___/___/___

Se errou, confesse. A acusação é resultado da omissão. Falar a verdade liberta a alma.

___/___/___

Tenha alguém com quem compartilhar suas alegrias e desilusões e também seja esse apoio para alguém.

___/___/___

___/___/___

Um barco que fica atracado no porto está seguro, porém, não está cumprindo sua função no mundo.

___/___/___

___/___/___

Diga o que quiser, mas antes de falar lembre-se que haverá consequências sobre tudo o que disser.

___/___/___

___/___/___

Cuidado com o bajulador! Ele pode falar palavras bonitas e em seu coração pode não ter amor.

___/___/___

___/___/___

Viva com liberdade!

___/___/___

___/___/___

Seja humilde e se dê a oportunidade de conhecer e aprender com o outro. Você poderá se surpreender.

___/___/___

Só fale alguma coisa quando tiver certeza que suas palavras serão mais edificantes do que o silêncio.

___/___/___